Invitation to a Flower Garden

4 Directions on page 52

Directions on page 53

Directions on page 55

8 Directions on page 56

Directions on page 61

14 Directions on page 62

Directions on page 63

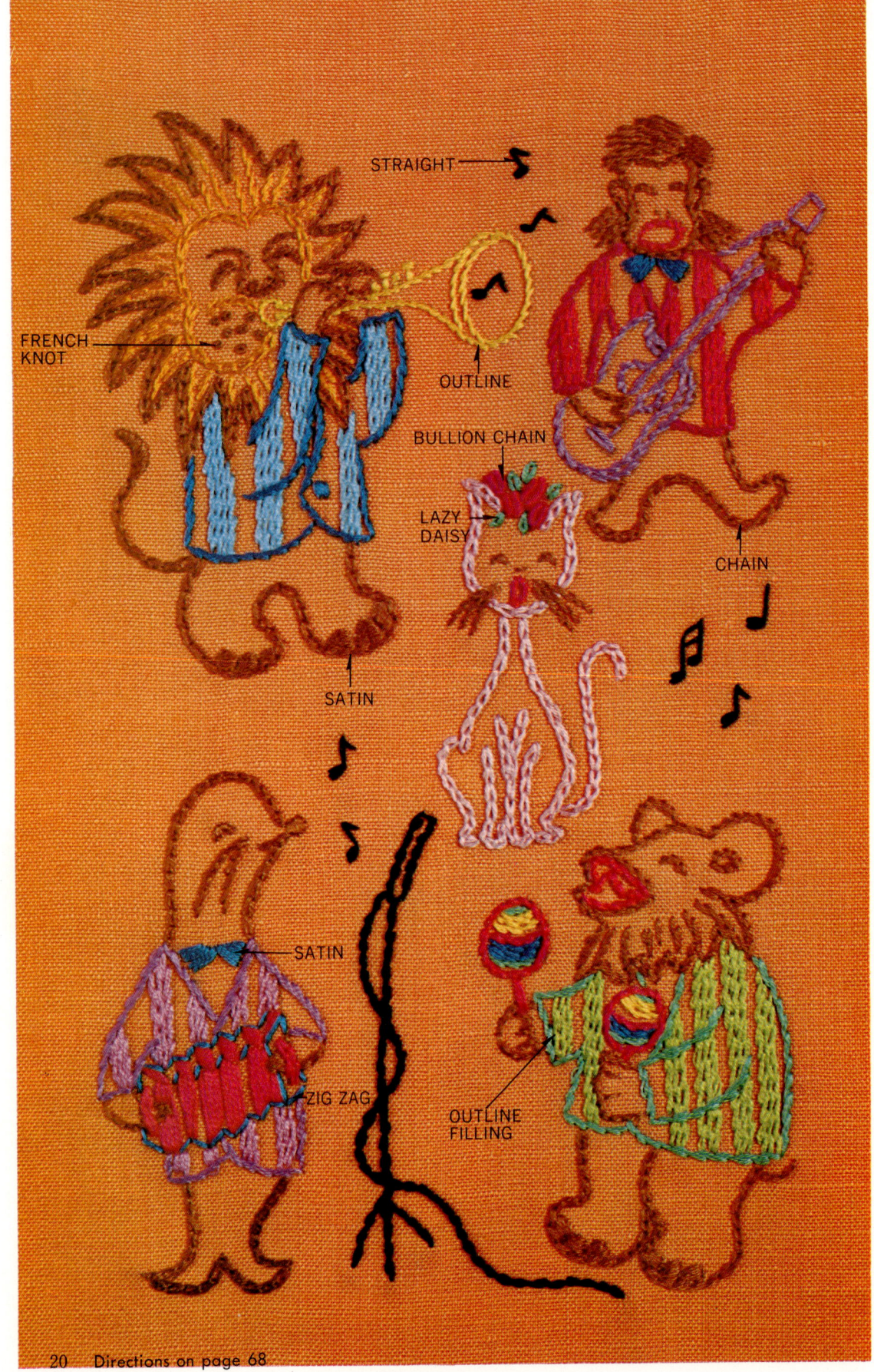

Directions on page 70

Directions on page 71

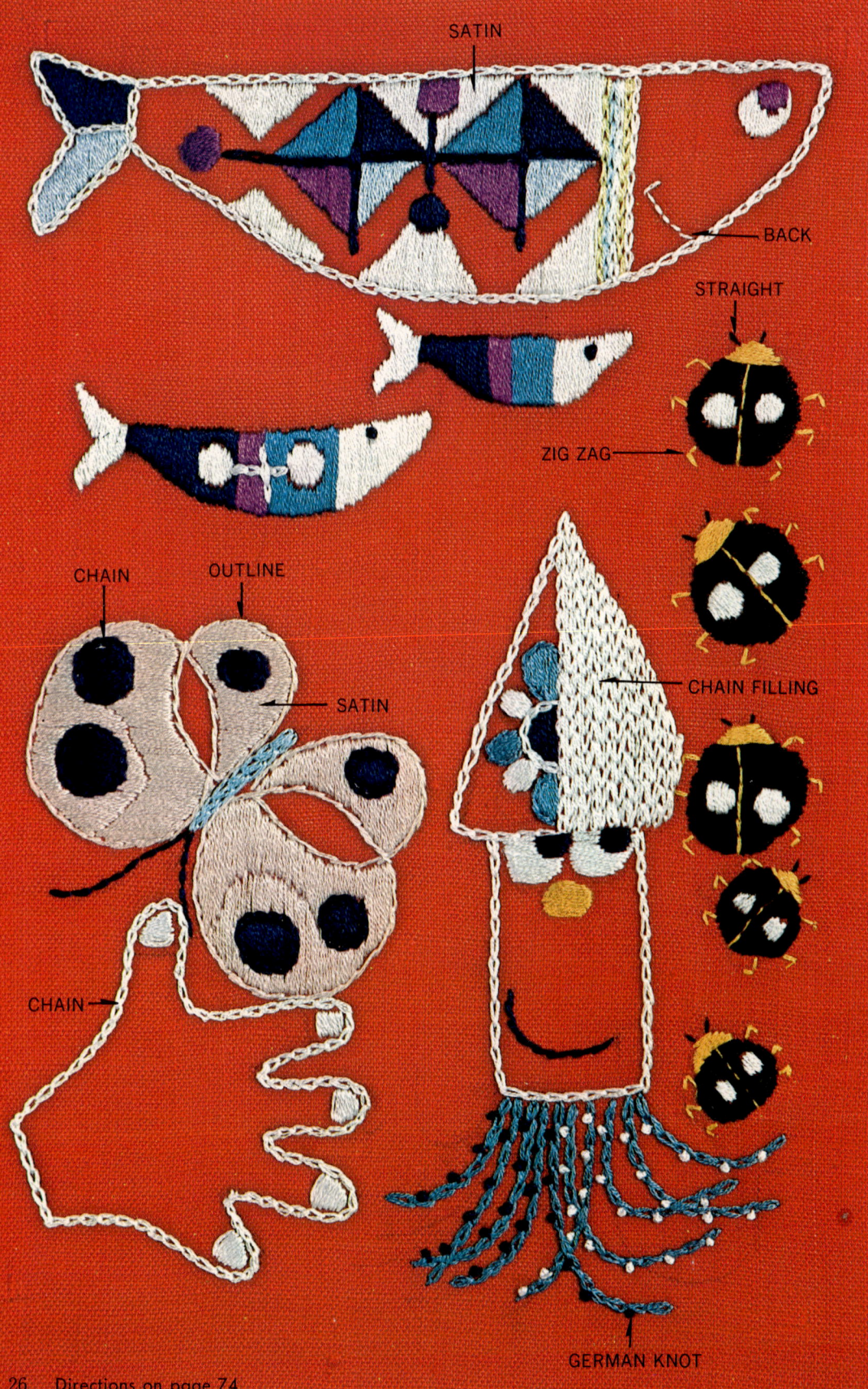

Directions on page 75

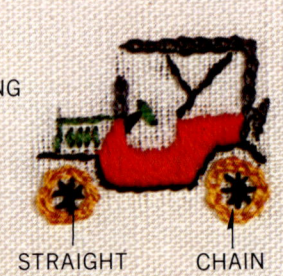

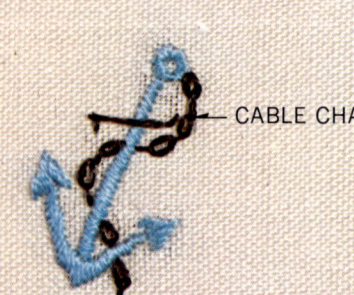
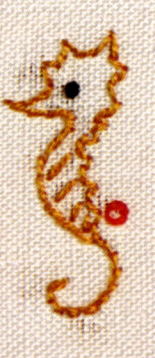

28 Directions on page 76

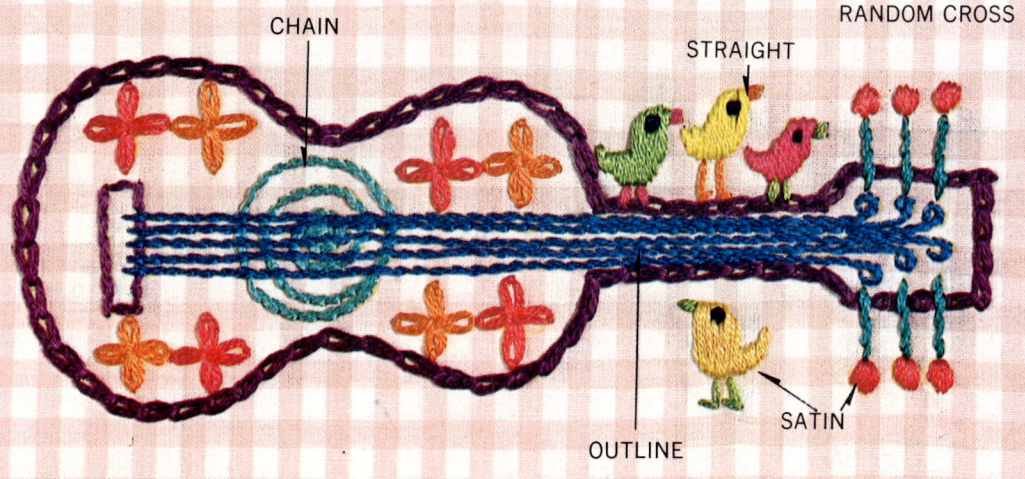

Directions on page 79

THE HARVEST

TAILOR'S BUTTONHOLE

COUCHING

STRAIGHT

DOUBLE LAZY DAISY

OUTLINE

SATIN

TAILOR'S BUTTONHOLE

OUTLINE

FRENCH KNOT

OUTLINE

FRENCH KNOT

STRAIGHT

SATIN

OUTLINE

FLY

COUCHING

BULLION CHAIN

SATIN

TWISTED CHAIN

Directions on page 85   37

Wheels for Fun

ROMANCE

In the Far Countries

FLOWER

OUTLINE

OUTLINE

SATIN

FRENCH KNOT

LETTERS

Directions on page 93

46 Directions on page 94

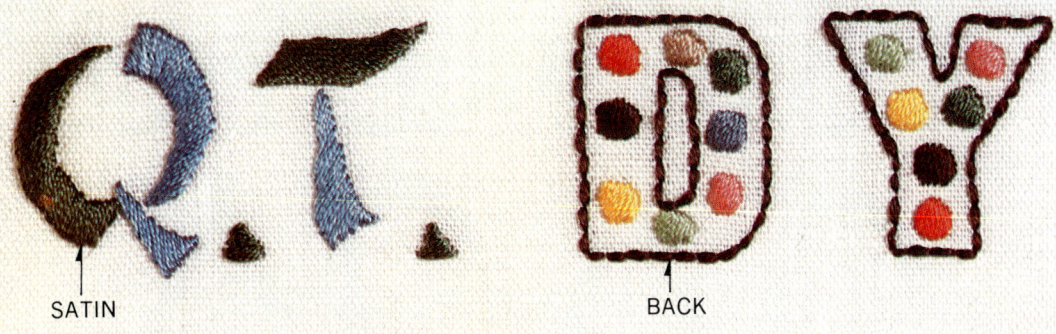

Directions on page 95

GEOMETRIC TRIO

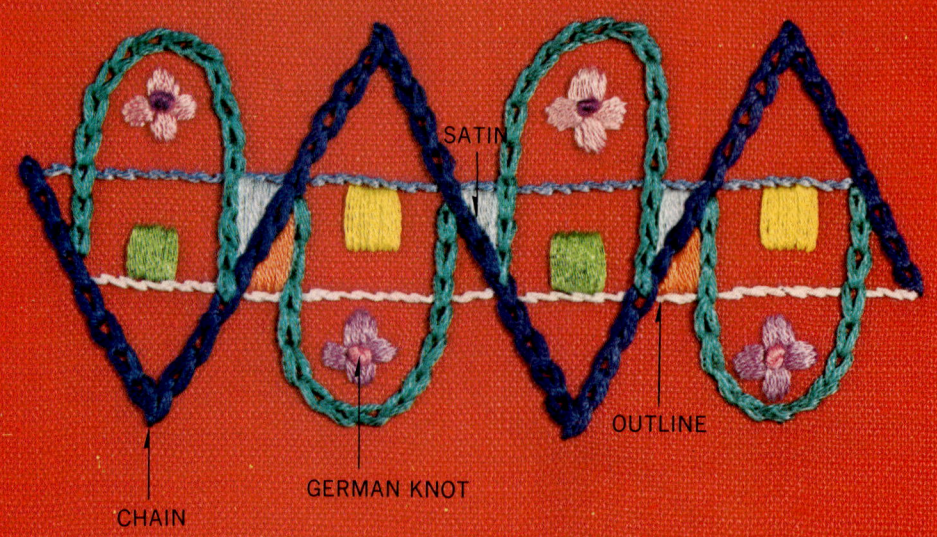

SATIN
OUTLINE
CHAIN
GERMAN KNOT

BULLION KNOT
SATIN
SINGLE KNOT

DOUBLE CROSS
SATIN

48 Directions on oage 96

Needlework on page 1

Needlework on page 2

Needlework on page 3

Needlework on page 4

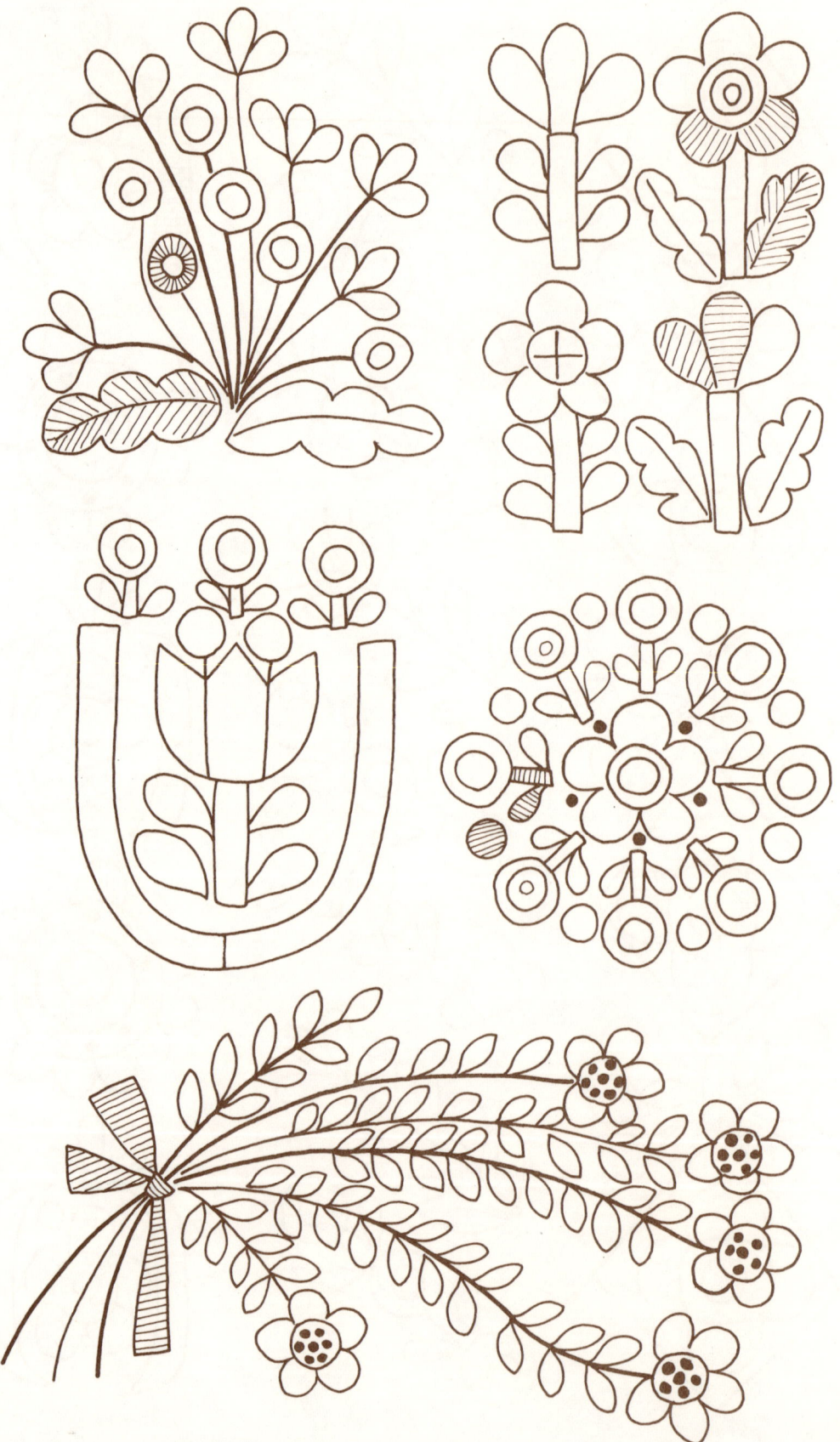

Needlework on page 5

Needlework on page 6

Needlework on page 7

Needlework on page 8

Needlework on page 9

Needlework on page 10

Needlework on page 11

Needlework on page 12

Needlework on page 13

Needlework on page 14

Needlework on page 15

Needlework on page 16

Needlework on page 17

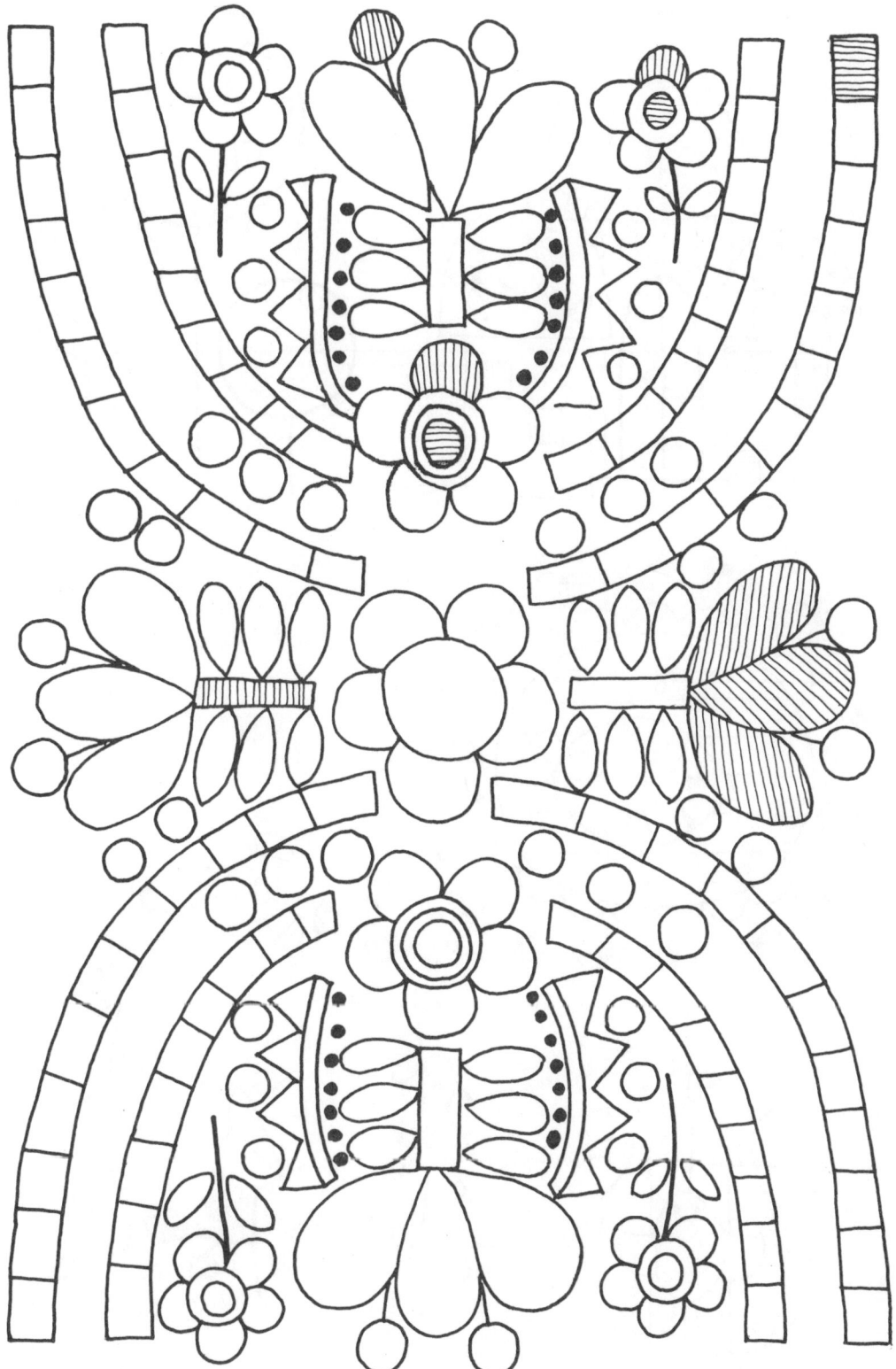

Needlework on page 18

Needlework on page 19

Needlework on page 20

Needlework on page 21

Needlework on page 22

Needlework on page 23

Needlework on page 24

Needlework on page 25

Needlework on page 26

Needlework on page 27

Needlework on page 28

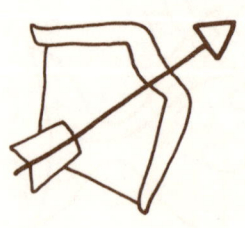

Needlework on page 29

Needlework on page 30

Needlework on page 31

Needlework on page 32

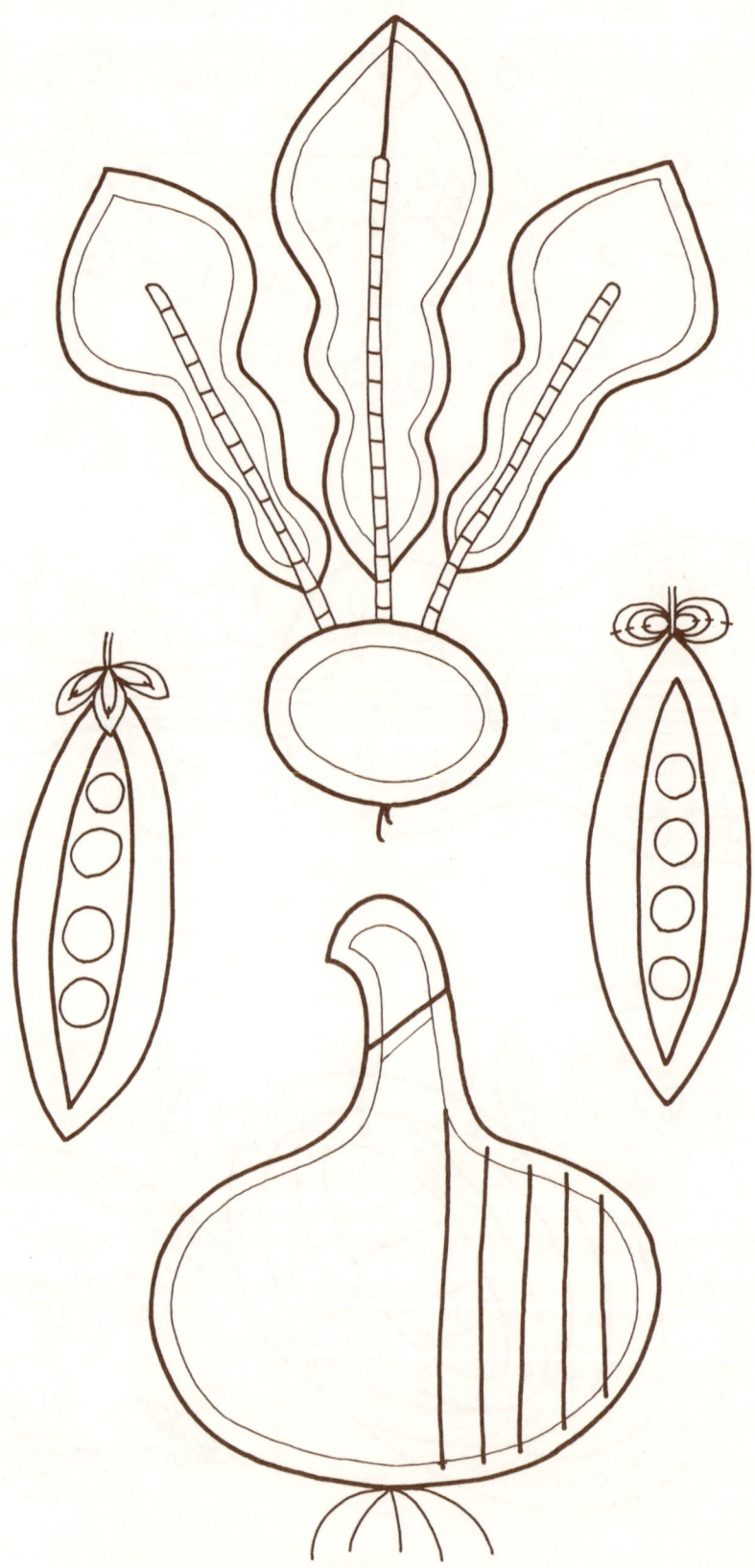

Needlework on page 33

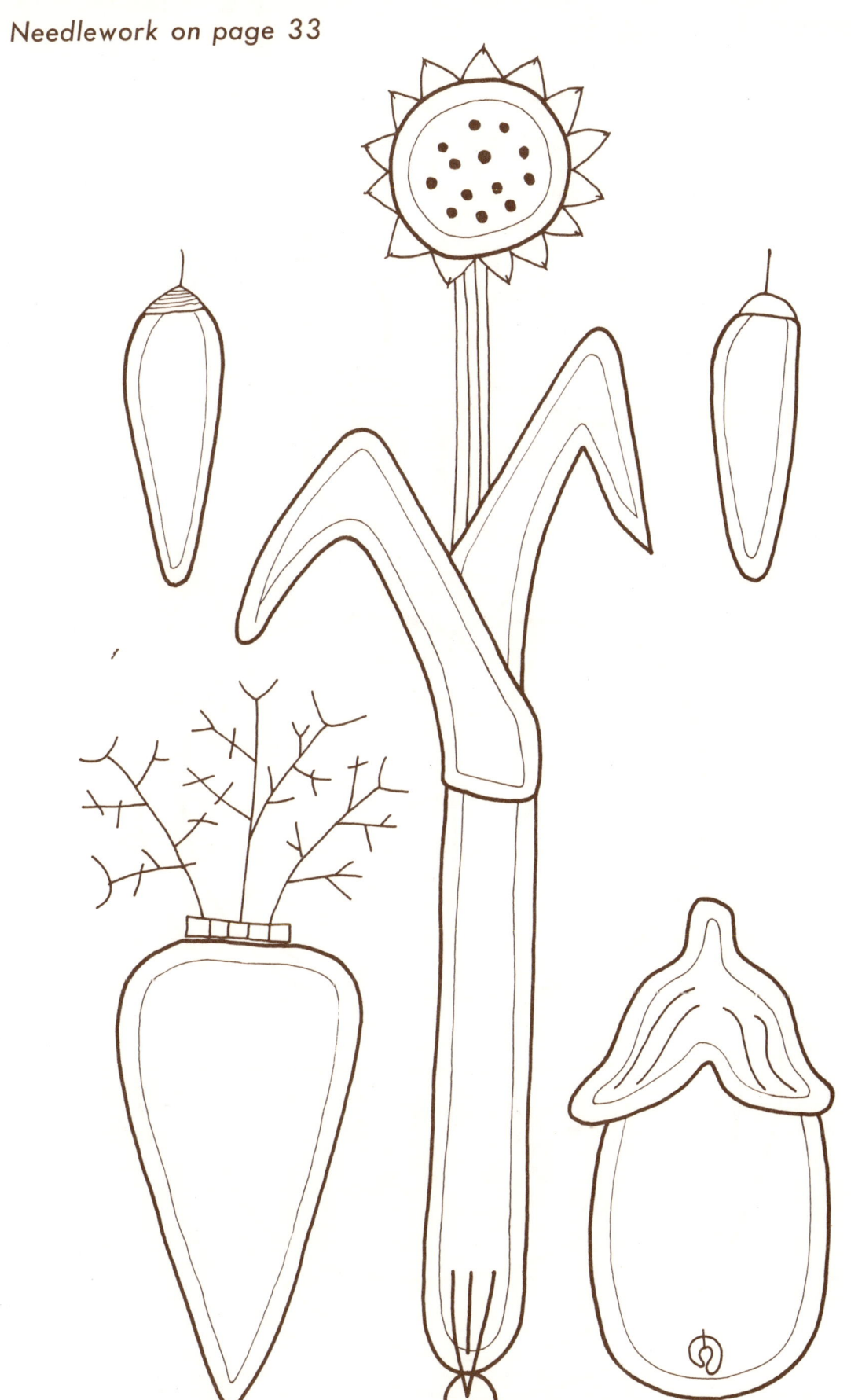

Needlework on page 34

Needlework on page 35

Needlework on page 36

Needlework on page 37

Needlework on page 38

Needlework on page 39

Needlework on page 40

Needlework on page 41

Needlework on page 42

Needlework on page 43

Needlework on page 44

Needlework on page 45

Needlework on page 46

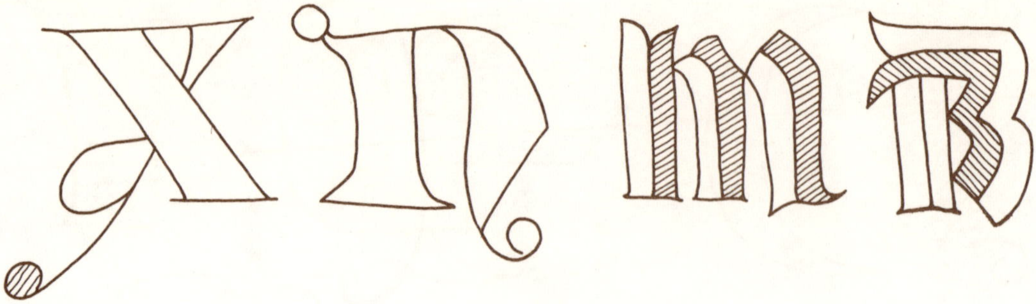

Needlework on page 47

Needlework on page 48

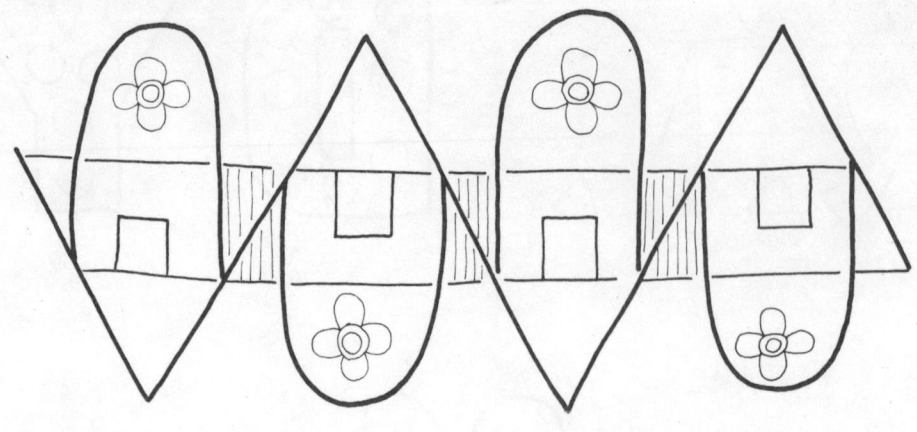

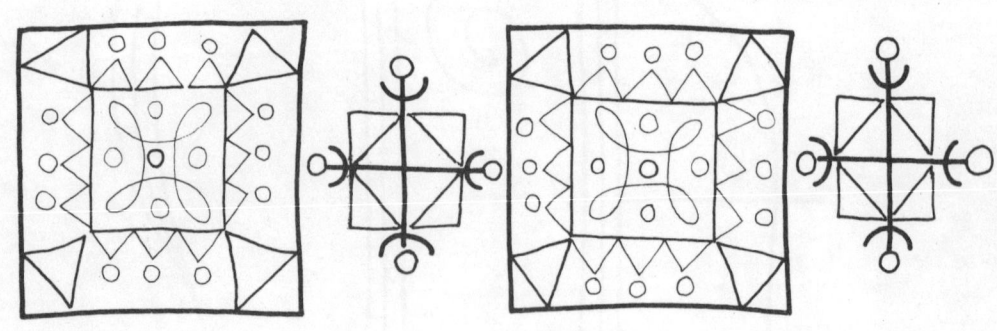